Tratado sobre las brujas

Luisa Villa Meriño

Luisa Villa Meriño
Tratado sobre las brujas

Copyright © 2023 Jade Publishing

Cover Photograph: Constelación Chone by Jorge Arturo Rivera Vargas
Author Photograph: Constelación tía Inés by Jorge Arturo Rivera Vargas

First published in 2023 by
Jade Publishing
UNITED STATES OF AMERICA
Corpus Christi, TX. 78468

www.jadepublishing.org
ISBN: 978-1-949299-34-2

Printed in the United States of America

Tratado sobre las brujas

Luisa Villa Meriño

Jade Publishing

A mi madre, Luz Marina Meriño Fontalvo.
A mi padre, Abel Antonio García Villa.
A mis hermanas, Eliana y Ada Luz.
A Arturo Rivera Vargas.
A Ludis y Delfina.
A Jesús David, María Luisa, Thaily Sofía, Millan y Darell.
A las amigas brujas que han acompañado y nutrido este proceso
en especial: Rossy, Gudrun, Kim, Elda,
Marisol, Perla, Silvia, Reneé, Zaira,
Sofía, Camila, Luz, Klara, Cecilia,
Ángela, Berta, Andrea, Nini, Karol, Juanita, Yuri,
Mariana, Liza, Cristine, Natalia, Sophie.
A mi familia nigeriana-centroafricana.

Índice

Sueño que
soy yo quien llega al mar
y desata tus dientes—esa mordedura vieja—
y tus palabras tiemblan
como animales que han estado en cautiverio
y soy yo
quien les palmea las tildes   los espacios   las melenas
para que sigan la marea
y echen al acantilado el cordón que las detiene

Marisol Vera Guerra, *Otras mujeres como lobas*
México

Luisa Isabel: Mujer raíz

Con las balas que me disparan
construyo un árbol de pólvora:
al encenderlo nace la vía láctea.
—Margarito Cuéllar

Yo soñé con este libro. Una voz pegajosa, como salida del barro, me habló en la penumbra acerca de las brujas. Esas mismas que en épocas antiguas curaban los cuerpos con yerbas y hablaban con los animales del monte, que fueron obligadas a amarrarse la boca para no escupir conjuros, porque la palabra es peligrosa, quien tiene la palabra tiene el poder de recrear la memoria y de transmutar la materia.

Luisa Isabel Villa Meriño, poeta oriunda del Copey, Cesar, Colombia, ha sabido—lentamente, y no sin la angustia que da ser acechada por los depredadores—romper la atadura de los dientes para elevar su voz y la voz de sus hermanas, de su madre, de su abuela, de una gran caterva de ancestras. Así, con la letra "a" que resignifica a nuestro género.

La poeta nos lo dice: Mis dientes se desgajan / del insoportable verdín en mi cuerpo, / los recojo como lluvia. Porque este ejercicio de desatar la palabra duele. Una boca que ha intentado ser silenciada durante siglos, boca de mujer, de mujer negra, de mujer negra que lanza el hechizo de la poesía: se abre, eclosiona como el bosque fértil, pero no brotan delicadas flores sino plantas salvajes, rojas, que aúllan por no tener brazos más largos para protegernos a todos: Hoy la memoria cruza en el camino / huecos llenos de gusanos y niños que dejé fuera de mi / paraguas cuando llovía…

Las imágenes hieren en cada poema, no encuentro otro verbo tan simple y revelador para describir su efecto—incluso más allá de la sorpresa que me causa su voz, cargada de eco primitivo, la música grave de la sangre—: En la cocina la carne

i

se ha cortado y hecho guiso a sí misma, / hoy me levanté con la mordida estresada. Y es consciente, Luisa, de que esta no es una escritura bien portada, obediente y dispuesta a complacer a otros: Los poetas me abandonaron / porque no río como poeta, / porque no soy como poeta. Pero en esta negación la Poeta— ahora lo digo con mayúscula—ha de mirarse al espejo, libre, sin los ropajes y máscaras de nuestra urbe, para construir a la mujer de raíz negra que teje sus afectos hacia los nombres. Ella sabe la importancia del nombre, sabe que ahí está la identidad, el amor, el pan que nos alimenta; y así, pues, lanza sus letras al fuego y al mar en un ritual de purificación: a Perla, a Elda, a Berta, a Mariana... la lista sigue como enredadera entre los versos. La extensa dedicatoria con la que el libro inicia es, ya, un poema sobre los amores. Luisa nos deja ver de manera transparente, mujeres y hombres que han echado ramas en su historia. No niega el ánimus, la energía que equilibra a la otra, contraria, femenina.

Tienes aquí, pues, lector o lectora, un libro soñado, que es al mismo tiempo una cura, un rito para transfigurar el silencio, un remedio para el olvido y la desesperanza.

Marisol Vera Guerra
Monterrey, México

Desde la hoguera

Como todas las brujas, Luisa Villa nos habla desde la hoguera. Y desde la hoguera solo se puede blasfemar, subvertir, denunciar el orden imperante; defender y amar a todas las hermanas y a todos los oprimidos. Luisa habla/escribe/canta ante todo en nombre de las mujeres, las mujeres de su familia, sus "ancestras", las mujeres de su etnia descendiente de Oshún, porque "a las mujeres de su familia les crece en la mañana lo que les han cortado en la noche". Bruja, sí.

Como todas las brujas, Luisa Villa se transforma en hormiga, loba, flor caníbal. Es su manera de escapar a los motes y rótulos, de zafarse de los grilletes patriarcales del discurso. Y Luisa grita, desenmascara el mito de Eva, trastoca el Génesis, para que cambie el origen, para que fluya el futuro: "¡Desátense: sacrílegas!".

Como todas las brujas, Luisa nos libera con la magia de sus versos: filosos, hiperrealistas, sabios. Porque la magia (la poesía), por si nos olvidamos (o peor, nos queremos hacer los tontos), "sigue estando en lo deforme".

Eugenio López Arriazu
Argentina

El rezo de las paganas

Cicatrizada

No hay reposo en el olvido,
ni se agita el horizonte
al cruzar el huracán de la memoria.
Liliana Moreno (Amhada)

Mi abuela solía dibujar mujeres sobre cartón
mujeres lavando sus escamas en el río
mujeres con colas desgarradas y nubes en los ojos como ella.
Mi abuela insistió
en rellenar los huevos de las gallinas
con muñecas de una infancia deforme,
en comer plátanos verdes para la depresión
y poner albahaca caliente sobre la carne que abrieron
sus vulgares maridos.
Fumó tabacos bajo los ciruelos y frente al mar
para que Ochún purificara su placenta
y cosiera su útero desprendido
para que Ochún masticara con sus dientes de agua
a los amos que pretendieron apagar el lenguaje consolador
de las diosas.
Glup, glup…
la abuela
se hizo eterna para tapar con sus vísceras
los huecos de mi reloj precipitado.

A la abuela Ada Luz

El rito del desplomo

Cuando –por fin–llegó el incendio
no ardí. no soporté
simplemente… volé por la ventana
simplemente salí. salté
como si pusiera un punto.
Olga Jojlova

Enaida
se pinta en la boca el pico de un pájaro,
se arropa con plumas y flores envenenadas
para ocultar su lamentable cuerpo de fuego,
se asoma,
retuerce,
perfora,
no puede parir poemas serpientes,
no reconoce sus pies
en el infierno;
dentro o detrás de ella alguien grita,
el zapato rojo,
el vestido viejo con insomnio,
el espejo reniega de no tener vida,
las moscas putean
y le cortan la cabellera para que no aúllen piojos;
Enaida corta las manos a las moscas,
enmudece las voces
encerrándose en un círculo de sal,
pero nada la aparta de su puño con púas,

de los ciempiés que suben la alacena;
nada la salva de caer,
como una muñeca llena de agujas
en su agujero.

El botón claro

El hombre de barba azul,
ensombrecido
y lleno de espinas como un erizo,
quiso enderezar lo salvaje,
derramó combustible sobre la miel,
tiró al fuego libros y la cola que reía.
Me convenció de meter en casa a sus tétricos fantasmas
—todos en familia—,
inhumanos huéspedes
lincharon mi cuerpo sublevado.
Rota, a oscuras,
desde los barrotes podía ver
peces desaletados muriendo en bibliotecas,
pájaros inmensos en estrechos manicomios,
atarrayas de oro persiguiendo huesos
de una mujer loca,
los puños del carnicero
con una campana de iglesia…
¡Zas!
—¡Te amarraré la boca!—
decía, y se clavaba su machete,
¡Zas!
hasta que un día se reventó un botón,
y resucité

en el nido cálido de las poetas.

A Perla Rivera Núñez

Judith

I

Cuando la vi por primera vez bailaba
a orillas de la ciénaga,
y se movía libre de clavos incrustados,
libre de paja sobre la retina,
libre de alergia a la clorofila,
libre de dientes atados;
y se movía, sin importar su desplume,
con el vigor de Changó
para pulverizar
el trueno amargo
del miedo.

II

Esta danza enferma es veneno para las vírgenes
que niegan milagros
a las que en vano ofrecemos nuestra cintura
untada con manteca de caimán,
y el sagrado amuleto de animal seco.
A las que, en vano, si nos descuidamos,
en tres cantadas de gallo nos llevan al manicomio.

III

Octavio, el antiguo enfermero, vive en el hueco
y distrae con oraciones a los hijos caníbales del miedo
para que ella salga (¡Como la inventa!)
cada año, sedienta de plumaje a las fiestas patronales
del soñatorio.

Historia para tranquilizar a Camila

La bailarina ciega baila sujeta al sol,
la piel en carne viva,
un anzuelo perfora su ombligo;
no distingue entre el color de su sangre
y el color del río de barro que arrastra pelos, pelucas y huesos.

Imagina buena a la multitud que la aclama,
pero de este lado
solo buscan aullidos ofensores,
cuerpos para hundir clavos,
por eso nadie comprende
a quien danza con su sombra
y ofrenda zapatos rojos en tiempos de guerra;
le arrojarán alambres, aros, cuchillos, tenazas, espinas...
la bailarina ciega estará obligada a flagelarse
para encontrar la justicia.
   ¿Qué seguirá oyendo cuando deje de ser bailarina?
¿Has estado así, Camila, toda tú, justificada por un punto oscuro?
¿Te han dado un cuchillo para comer y te has abierto la boca?
¿Has seguido abriendo y abriendo hasta hacer un cráter en la tierra,
creyéndote culpable de algo malo?
Hay muchas rasgadas en el mundo, Camila,
yo soy una, incapaz de mantenerme en pie,
pero tú eres joven; dime: ¿qué quieres oír?

Inés

I

No olvidó
la voz de la babilla sedando su brazo,
la voz que apagó su llanto por tres días,
el crujir de la aguja al salir por los huesos,
ni el golpe de la sangre al caer sobre el río,
ni la ropa impecable que quedó en la escena.

Para no olvidar recordó
entregar un rezo a otras lobas,
así, no heredarían el ritual del vacío
ni serían elegidas
al ritual de la manzana.

Para no olvidar olvidó
lo insuficiente que era.
Y prosiguió.

Cualquier bruja te arranca
de la muerte.

II

No entendimos cuando la niña dijo:
"La señora de la cola se equivocó
de desgraciada,
me ofreció su piedad y un tratamiento
para evitar el desprendimiento…"
¿Para quién iba la reprensión?
Si ni un tiro atravesó el cuero,
si todas las manos de las descendientes
llevan la cicatriz,
si no se sabe quién fue la bruja
y si logró
rescatar la inocencia de la sangre.

No se puede evitar la crucifixión de la memoria.

III

Todos se han ido del puerto,
solo
el brazo único
corre por los montes,
doma caballos
y completa el lavamiento de los pequeños pies crucificados.
Siempre es verano en esta ciudad nueva,
en esta nueva casa:
una babilla disecada es el florero de mi mesa de noche;
no temo,
porque a las mujeres de mi familia
nos crecen en la mañana
lo que nos han cortado en la noche.

Prudencia

La habitan ausencias… la paz que yace en ella
Es una esquirla de adioses.
Enriqueta Lunez

I

Entre la madre de las jaulas y la madre del luto
la correspondencia es infinita,
el lenguaje nos libera de nervios alterados
y de parentescos con oscuridades.

II

No eres ese muerto gangrenado
en la sala del velatorio,
te pedí que fueras a Corea...

Sembré una planta de plomo
en la otra mitad de la cama,
todas las noches la riego
usando tus palabras
para consentir a los niños
y a los chivos.

Ven, no veo
las rasgaduras
ni el crucificado que ven
los vecinos.

Los ojos de la locura

Amarrado al árbol de jobo estaba siempre el loco.
Para superar y sustituir al padre,
el abuelo estiró tanto sus huesos
/ a la fuerza /
que se quedó
sin ojos.

La abuela tuvo la carga de mirar por los seis
ojos.

La nieta heredó la obsesión de querer
pasar
por el ojo de la aguja.

Palmira

En el dormitorio
dos masas de hielo
me quitan los pies
y se divierten por mí, en mi encierro;
dicen: "El que se viste con lo ajeno en la calle lo desvisten".
¿Qué es realmente mío?
lo escribo
mientras una de las bailarinas me perturba
ensayando con la rueda,
la ensarta diez veces en mi cuello y ninguna en el suyo.
Soy el espectáculo,
debo parecerles ridícula cuando escribo
y hago los mismos gestos de los pichones
que no saben usar las alas.
En este laberinto de horror pienso en ti, Palmira,
pienso que debería estar
mirando por tu ventana
como tu abuelo-venado es rescatado por tu abuela
en el desierto.

El desierto de Jorgina

I

El desierto es propicio para ocultarse
de una misma,
atrás quedan
escopetas que sentenciaron tu sexo
y desterraron tu placenta del lugar sagrado.
Resistes
como los peces secándose al sol,
aferrada a la única rama del único árbol,
te pones sal, coces tus vértebras;
predicas que la magia es la recompensa
a tu deformidad,
es tu especie,
no el desierto, la imperfección de la tierra.

II

Abre el pescado,
lo cuelga en el árbol,
acerca el sol a la abertura,
convierte
la deformación del pecho

en privilegio de pájaros,
en soledad para vivir,
y piensa que es ella.

Poema sin miedo para el tío Adolfo

*Las aguas perturbadas de la memoria
no se alisarán.
Todos los días me iré de mi niñez.
Regresaré sucia antes de que anochezca
y me sentaré a la mesa.*
Natalia Livitnova

Tío Adolfo quería que fuéramos planas,
sin cachos deformantes;
invadió la casa de espejos:
las palomas chocaron con los vidrios,
era agónico mirar
plumas tapando el aire,
desagües, lluvia,
...cine,
esos últimos hilos de carnes aferrándose a las garras;
pendulamos, nos desconocimos por mucho tiempo,
hasta que llegaron los amantes y salimos
palomas y mujeres por la misma puerta.

Ahora que una de las hijas se asoma a la historia
con ojos encabronados,
dos incandescencias reaparecen y perturban el paso del poema:
¿Para qué el tío Adolfo nos dejó tiradas en medio del desierto?
¿Para qué quiso el miedo nuestro mechón de pelo?

Juego con cabeza sin hombre

El tío A tiene una calavera beatona que se zafa de su cuello
y nos persigue como loca por todos los espacios de la casa.

Berta

Siempre estuve enferma,
Berta lo supo
y me enseñó a resucitar-resucitándola.

Vuelvo a oír el chapoteo del ritual gastado:
mil veces en el agua,
y nunca fuimos otras.

Vuelvo a ver esa tierra árida que sostenía nuestras casas,
centenares de bichos rodeando las manos,
la mascota huesuda bajo la silla
y un santo, desde el lujo de su altar,
apuntándonos como cazador.

Lo intentamos con alas sufrimiento,
el caballo que esperábamos emergiera con las cigarras,
no existió.

¿Escuchas, Berta, otra vez? Somos nosotras
cantando para olvidar los hijos del abismo,
cantando para que la carne vuelva a los huesos.
 Es la sonrisa de los cuerpos en el barro
"El agua limpia todo".

No oigas las voces del borramiento.

Sister Rosetta Tharpe

"Tenías todo para no triunfar"
decía el periódico

Negra
lesbiana
mujer

Rezaste pagana en los bares y pubs
para que no te llevara la tiranía de las cadenas,
ese rezo impuesto era otra vuelta y otra vuelta al amarre,
amarre para el lenguaje de la tribu.

Nuestros ancestros se desgarraron las líneas de la vida arrancando
algodón,
no era algodón,
era la porquería encima de la libertad.
¿Las negras triunfamos si dominamos el miedo?
¿Dominar es un verbo para una negra?
Tu respuesta fue desclavarte
y reposar en tu guitarra el cansancio de toda la obrería
de nuestra raza,
has convertido en danza tu ahogo en tierra,
tu ritmo ilumina nuestros cuartos compartidos
y sabemos de rebelión las cautivas en las telarañas del miedo,

las mujeres negras no somos la oscuridad,
no somos la oscuridad.
Tenías todo para triunfar,
aún en una estación de tren abandonada.

El dragón de inteligencia cósmica

La poeta hace una videollamada. Teme
que su poema no sea comprendido. Es la gran comprendedora
de Mallarmé

¡La carne es triste, ay! y ya agoté los libros.
¡Huir, huir allá! Siento a las aves ebrias
de estar entre la ignota espuma y los cielos.

¿Quién comprende a los que son como nosotras?
¿nosotras?
Yo también sufro mi carencia, mi pequeñez, mi confusión.
¿La guerra qué es?

—¿Lo que pasa es real?

Helicópteros, ambulancias, disparos, masacre
y peste desconectan nuestros audios.
Hemos visto bolas de luces. Teme a la luminosidad
que la vigila, como una lente.

Estoy cansada, cada día mueren cabras y más cabras,
las veo con sus patas tiesas al sol, necesito más
días soleados (pienso mientras la poeta me habla)
—¿Cómo va a ser algo bueno?

¿por qué me sigue esa bola de luz?

¿Por qué a mí
me sigue la oscuridad del revólver?
dirijo la pregunta al ordenador.

La realidad no es normal
¡Rompámosla!

Ya se rompió
como la cabeza de un joven, como el ojo de un joven,
como mi fe… y no brota agua,
nada sagrado.

—¿Sabes a qué hora pasó?
—No sé nada, más allá de escribir.

—Soy una experimentadora, un dragón de inteligencia
cósmica, puedo comer
cosas incomibles, esto es un apocalipsis espiritual;
nosotras podemos esforzarnos para tragarnos el mundo

¿Aunque de cualquier mano, de cualquier carro venga un
disparo, nos esforzaremos?

Pone su mano en la pantalla —¿Qué interpretamos como
mano?

Escribiré un poema para responder.
Es una parte problemática, sobre ella recae
el abatimiento de la historia negra: amarres,
grilletes, vendas …
ampollas, cloranfenicol.

—¿Qué interpretamos como tiempo y luz?

—Eres tú la filósofa, yo solo
deseo
que esto pase.

—Parecemos una película de 1900.

—¿Cuál sería el título? No se sabe de dónde caen las balas.

Esta guerra civil ya pasa los cincuenta años,
desde entonces ¿qué ha cambiado?
Insistí, pero ella
sigue
con la mano puesta en la misma parte —¿Somos luz?
—Somos luz de estrella, ya pasamos, somos recuerdo, —le respondo
y pienso: ¿Quiénes están mirándonos? Esto no puede ser el cielo.

—Todos los poetas estamos malditos.

¿Y los benditos? ¿Son los que gritan afuera con esa bandera al revés?
Ahora soy yo la que quiere salir.
Podría ser la gran escritora que quisiera
si no fuera por el pavo echado sobre los hombros,
por esta insuficiencia.

Desde mi cuarto compartido me construyo la nostalgia y espero
que la radio anuncie el fin
de la guerra.
La poeta cuelga
sin despedirse.

Llama ahora la historiadora, llorando
como poeta, cerca
de su estación oye
gente gritando y ella
está lejos
sin poder salvarlas.

Tengo miedo,
esta desolación de ver
la guerra y a sus sobrevivientes
a distancia.

A Reneé Acosta y a Lorena Rodríguez

Emigrar

Matar a mi gata
porque no cabemos en la misma jaula.

No poder decir adiós a mi gata.

Cambiar guacamayas por palomas grises,
emigrar a una ciudad sin luces, sin colores, como yo,
para anestesiar mi miedo a la extinción.

A Mariana

Recuperar

No más verme ahogada en el lago de Narciso.
No más expulsar dientes.
No más castillo a costa de vértebras rotas.
No más estrangularme
para caber en el nido de la sanguijuela.
No más despedazarme
para poner carnada diaria
en el anzuelo del poeta.

Rescato mi nombre desahuciado
del cuarto compartido
y salgo a recuperarme
libertad,
rostro
y nación.

La mirona

¡Digo que te pongas tu rostro y tu nombre!
me senté en la mitad de la plaza,
icé mi cabeza como bandera deshilachada,
como gitana esperé para bailar en la rueda,
como enamorada esperé a mi enamorado,
como adicta esperé mi droga
y como trastornada taladré el parque
con tanta paciencia.

A la experiencia la llamaron "obra" y comentaron:
"Es difícil mirar en los espacios que frecuentas".
"La quietud, en esta ciudad nerviosa,
incomoda" …

Pero yo solo quería comprobar
si sostener miradas
podía salvarnos de los pisotones del mundo,
solo
para contártelo, Mariana.

A Mariana Mogollón

Milagro II

La abuela entra con poncheras de agua
y sale con poncheras de sangre.

Esta noche,
en que pájaras y cigarras recobran sus voces
para desatarse las amarras
y las mujeres de la casa desvelan
armando guirnaldas,
pido a Cristo dos cosas:
que la recién nacida
pueda transformar
el agua en vino
como él
y sepa resucitar
como la abuela.

A Eliana

Milagro III

Mi hermana es albatros
pero la desequilibra el león que ruge en el hueco:
dame comida,
dame amor,
córtate, empújate,
empújame,
línchate
frotando
la piedra con tu ala
y reza,
se desarraiga
tan fácil.

Se despeña, señor, ¿podrías volver
a soplar su pecho, pintarle corazones rojos y negros
en su cuerpo, devolverles el filo a sus manos?
para que corte la cabeza a todas sus sombras,
para que saque a los mercaderes de su iglesia.
Que desvié la primera y la última piedra
con el latigazo de su lengua,
se resucite
sin huellas de clavos
y sin poner la otra mejilla como la abuela.

Biografía visual uno

—¡Decido no hacerlo! —dice Ana,
—opto por la melancolía del escribiente.
Solo tengo aliento para levantar martillo y punzón:
dejo a una de mí que repose al fondo
del corazón apuntillado y atado con hilos.
Me pongo en la cara la cara saludable de mi gata
y salgo sola.

Duele intentarlo todo con la mano izquierda.

A Ana Arellano

Biografía visual dos

Sofía representa su imagen visual
con una anciana jorobada.
Todas tenemos en común la joroba,
las quemaduras
y los retazos mal cosidos en la mente.
Lo que a ninguna se nos ha ocurrido
es dormir toda la noche sobre papel
para dejar evidencia del espíritu.

Duele intentarlo todo con la mano izquierda.

A Sofía Criollo

Biografía visual tres

El peón se mueve en los clasificados del periódico,
recorre su oscura radiografía de pulmón,
su receta médica, la caja de pastillas para los nervios
y el recibo de luz;
sube con su cartografía indignada,
deja múltiples huellas,
múltiples sombras sobre el tablero celeste.
Ninguna impronta se parece a otra...
eso mata
el pensamiento lógico del rey, del capataz...
de nosotras, detenidas por el miedo,
solo viendo lunas desenfocadas
y sin decidirnos
a meter o no
el cuerpo en la trampa.

Duele intentarlo todo con la mano izquierda.

A Camila Ortiz

Autobiografía visual

Mi espíritu es laberinto mal hecho,
sus muros están en el piso,
tiene múltiples salidas que conducen
a la misma aldea, a la misma casa.

Mi cuerpo es círculo imperfecto de carne
inmovilizado por el miedo.
Soy bicho en el centro de una cruz fronteriza:
Este, fragilidad;
Oeste, perfección.
Abajo un río caliente
que parece infierno y al norte está el sol.
Teorías acerca de mí hacen un recorrido horizontal por mi
cabeza,
las frutas y las preguntas crecen tanto arriba como abajo:
África, Anne, Maya, Ángela, la comunidad y las abuelas;
díganme ¿qué es mejor? ¿tirarse al río,
meter la cabeza en la estufa
o poner fin a un apartheid?

Duele intentarlo todo con la mano izquierda.

La madrugada del paraíso

Sonámbulos

Afuera
sonámbulos otoñales despertamos junto a las gotas estranguladas,
ignoramos el umbrío paisaje y fingimos ser rojos,
intensos y ufanos.
Desperté otra vez, y dando un salto inusitado de yegua joven
traspasé las puertas,
ausencias se frotaron en mis huesos,
añoré entonces
otras sombras,
otros ecos…
A pesar de la magia y aquella ternura de conejo
fue siempre inhabitada la morada,
ángeles indómitos
conmigo un día también huyeron
ante las exigencias,
la intolerancia y las miles de preguntas.
Mucho después,
perdonando más de setenta veces siete
volvimos para deshilar el tiempo.
¿Bastarán los arrepentimientos?
¿Podrán ahora así amarse las aves adentro?

Llorona

¿Cantas?
Te espero
como una momia salobre / desmoronada
sobre el ferrocarril desahuciado,
con el miedo,
con el vacío, mi animal doméstico-imaginario
que invita a las rieles
como si fuera culpable de estos labios que ahora tiemblan…
graznan, crujen y me interrumpen con picotazos.

Un arcángel sin alas me sustituye, ¿lo ves?
¿Cantas?
ya es tarde,
duerme, amor, duerme, te arrullaré en mis uñas.

El árbol del mal

Es Julio,
solo Berta viene
a traerme flores a la cama.
El dolor en los huesos blandos
me hace relinchar como yegua;
de un salto llego hasta el patio
donde otros enfermos
juegan una ronda alrededor del árbol del mal.
¿Quién ha ordenado cosernos las venas?
somos el vicio,
pájaros de picos amarrados
que mancillamos la madrugada del paraíso,
el árbol, un dios mendigo, desquiciado.
Incrustada en la raíz milenaria,
ardo,
araña,
trepo,
suelto una mano,
me limpio,
tapo un ojo,
hago buena la boca,
obtengo el octavo soplido,
un impulso
y caigo desparramada en la habitación.

La serpiente me mira el vestido escarlata,
palpa abandono
y se persigna ante la cruz.

A Berta Zambrano

Fragmentación

Soy un hueco
un espejismo
un útero torcido
Marisol Vera Guerra

I

LUISA
En la noche soy planta caníbal,
mi madre me riega
con agua bendita
porque mi miedo
tiene huesos de plomo.

II

LUCÍA
Llaman
¡Depresión intestinal!
La enfermera me arranca
con agua fría
para que deje de fornicar
con verdosas muñecas.
El hospital debería ser un buen lugar para fecundarnos:
Yo soy carnívora, hambrienta de poesía,
y ella, lobo desolado
que pendula de bisturí a pared.

III

LUCRECIA
La mujer del manto
me desajusta la boca
a punta de penitencias:
la carcajada cae del campanario
como pájaro muerto,
la cuerda amarilla va
de mi cabeza
hasta su sexo,
así, cruelmente,
bajamos juntas al infierno.

Habitación 405

Cámaras espían cuartos no propios:
las ciudades están en guerra,
soldados sobreviven mientras mastican alas
de mujeres,
desgarran pechos y
pelean la leche con enfermos
de fiebre verde y otros males de la lengua…
—especie de puta impotencia,
me gano la muerte escribiendo—
de rabia lanzo la llave "405"
contra la pantalla, abajo
podría estar mirándonos hacia arriba
el infierno, ansiosa estoy de pecado,
rezo,
llamo,
escupo almíbar;
cansada estoy de darle tiempo al tiempo,
meto mano bajo la falda a cuadros rojos y blancos.
¡Lucrecia está hecha de hierro caliente!
¡Qué va!, de aire y tan inflamada como yo.
Pasan pájaros que crié asfixiados en mi estancia,
ninguno me recuerda,
soy distinta: gordapelona,
la soledad te disfraza de fealdad,

en este caso, bruja dulzona alrededor del fuego que espera
el miedo a la vejez, como las horas del parto.
Saltaré a la oscuridad,
que se abra el ojo de la aguja.

¿Por qué me enfermé?

Comencé a triturar mi "perfección",
toqué, toqué tanto que pude sentir los monstruosos
sentimientos
y el lugar profundo en donde se producen los clavos.
Tomé barbitúricos para las sucesivas heridas de las manos,
busqué ayuda en el lado oscuro
y un carcomido
gatopardo
me dijo
—los bosques no pasan por el ojo de la aguja…
¿entiendes? no pasan—
desde entonces estoy rasgada por la patología
de escribir en todos lados
No paso en nada.

El miedo no murió en el diluvio

Implacable

Si pudiera meter la sangre,
pegar
cabellos,
cocer
venas,
soltar
candados,
mirarme al espejo,
respirar sin pausa,
volver y respirar,
torcer
mi cuello hacia atrás,
omitir
el rictus enfermo
de los esclavos y presos de ciudad,
y ese
índice obseso
apuntando a mi cara cansada.
Me rehúso a dormir otra vez,
a mencionar muerte,
empujo a la Luisa IDIOTA
hacia el castigo,
si tan solo tuviera la certeza
que aún se mantiene

escuchándome
los versos,
y está perdonándome
el miedo,
perdonándome por no hablar.
Y hablar,
hablar, hablar.

¿Por qué llora Abel?

¿Por qué llora Abel?
El ingenioso pastor
con caracolas en vez de orejas,
en donde sus ovejas escuchan
historias de mar.
¿Ventrílocuo o mago?
hace cantar a un pájaro
de lata.

Alocada salí con el pretexto de regalarte flores,
arcas, semillas…
en el camino perdí voces:
maullidos y risas echaron
a la hoguera.
¿Qué hacer?

Quiero volver,
meter la nariz
en tu pelo enroscado,
en tu aliento,
en tu nombre …
¿Cuántos pájaros has tenido que tocar
por mi paz?
¿Cómo hacer para que duela menos?

Miro en la pared las desgarraduras del edén:
doy golpes y floto mar arriba
hasta donde soporten mis puños;
detrás de la bocina, un hijo de Eva grita:
¡Luisa, hay candados en este sueño!

A mi papá

Desvanecimiento

Una mujer llena sus bolsillos
de huevos blancos
y se protege tirándose al agua,
comparte tormentos con los peces:
ser estrangulada por el viento,
magullada por el pico de un arcángel,
asfixiada por la tierra;
y el miedo al abandono más grande:
su madre se canse de salvarla
y quede a cargo de su loca marea.

A mi madre

Recital

En el auditorio los dedos de los asistentes se desgajan.
Con la complicidad del miedo,
una frígida se ocupa de mi torcedura,
y en vez de seguir leyendo reza:
espero que en la noche no vengan a aplaudirme
con esos ojos de yo no entiendo,
espero que nada de esto sea cierto
ni ustedes, ni mis piojos,
ni las hormigas que arrastran
la carne que cae de nosotros como aves lapidadas…
¿Por qué sigo?
¿Por qué el miedo no murió en el diluvio?
¡Ah, señor!, tú no sabes,
tú también fuiste palabra y cordero degollado.

El poema abrió el mar

Miedo al lenguaje

I

Mis dientes se desgajan
del insoportable verdín en mi cuerpo,
los recojo como lluvia,
amarro a mi barba un balde de cristal
y ando rota por bosques, lloro
el lenguaje en cautiverio.
Nadie imagina que es por derrumbe
y no por placer que me hago
cascabel de gato,
llorona.

II

En sueños
se aferra a mi boca
un diente largo, filudo y amarillo
que se rehúsa a que la realidad
me desdente por completo
la vida.

Trastorno de la mordida

En la cocina la carne se ha cortado y hecho guiso a sí misma,
hoy me levanté con la mordida estresada.
Los poetas me abandonaron
porque no rio como poeta,
no soy como poeta,
no tengo apellido de poeta.

Abuela, ahora tengo la boca tan rota como la tuya
y tanto miedo a las miradas como tú.
¡Estoy agotada, no quiero saber de poetas!

¡Ni las benzodiacepinas ni las prótesis estarán a nuestro alcance!
Quiero contarte que una mujer estuvo un día escondida en el baño,
aún después que ya no hubo disparos,
cuando salió, la ronda que antes era de baile se transformó
en hilera de muertos,
a cada muerto ofrendó la flor de un diente
y se fue cantando con su boca vacía,
yo también estoy cantando
con los huesos de mis muertos en las manos,
incompleta frente a la candela.

Abuela, ¿por qué a esta vida astillada se le dio por colgarse
de un colmillo?

Incredulidad

La noche es de gas,
el gas produce frío —digo
                y no me creen.

La noche me tranquiliza:
—Escritora, no tengas miedo,
anda tira la hoja – mar abierta
envuelta en oscuridad.
La hipotermia por gas
no existe,
no existe.

La mosca

Le di más de cuatrocientos golpes,
me alcanzó el tiempo
para ver
su grandeza desperdiciada…
y justo cuando yo escuchaba
mi corazón
precipitándose
extendió su par de cuchillas.

Excomulgada

Léeme a escondidas.
Aléjate de mi marcha
con pobres y leprosos…
No ensucies tu buen nombre
piando a mi lado,
no te infectes ayudándome
a cargar este libro
Por la señal de mi cruz.

La guerra del fuego

No leerán, le temen a la apasionada.
Santa mía, muéstrales nuestros vacíos detrás del pecho y explícales
son cangrejos que se comen a sí mismos las patas…
y si vuelven para reconocernos
los abrazaremos con las espinas que descuellan
como sombras de poemas.

Noche de celebración

Bajé del auto indignada,
mi acompañante de fiesta rechazó mi cola y mi libertad.

Era medianoche,
la lechuza resultó herida con el parabrisas.

Los vecinos,
los mismos que en el día clasificaban
el paraíso,
produciendo un ruido agotador
roían las puertas
queriendo reconocer a la bruja.

Me quité los zapatos rojos,
recogí una gran piedra,
               / sabía que al día siguiente me llamarían Loca /
corrí hasta sentirme a salvo,
escapé por la puerta
del poema.

Poner el carrito a marchar con los cocuyos
iluminando por dentro

El espanto

I

El doctor me preguntó si traía mi espíritu conmigo.
Leí: "no hay enigmas",
y quedé tan confundida como mi psiquiatra;
no sé con qué milagros, si me faltan agallas, colmillos y cordura,
sobreviví a la oscuridad de mi cabeza:
una vez se desbordó el río, caí;
murió la abuela, caí;
tuve un árbol del bien y del mal que me daba tranquilizantes, caí;
asfixié a un elefantico que unió su trompa a mi trompa, caí
amarré la cabellera a los zapatos, caí;
vocablos quedaron presos en el cordón de los dientes, caí.
Es tan paradójico el espanto
que cuando hallas las cosas pierdes tus ojos.

II

¿No le huelo a humo de máquina de escribir?
¿A lenguaje tibio?,
si las carnes están volviendo a mis cuencas,
entonces, doctor, la poesía es eso profundo
de lo que habló Fuenmayor:

"Los cocuyos que en marcha se le meten a un carrito hecho
y lo iluminan por dentro".
No tengo más que buscar,
la magia sigue estando en lo deforme.

Sudario

I

Soñé que, de un tiro, una mujer perdía su cabeza,
y la cabeza en manos de un hombre
temblaba como una trucha fuera del agua.

Desperté cansada, boca abajo,
con la mudanza encima de mi espalda
y las máquinas acalorando la cara.

II

Una hoja en blanco me recibe
como si yo fuera el niño
y ella la virgen,
como si la noche anterior
me hubiera caído del sudario.

III

Se abren puertas:
los penitentes vienen a ponerme vinagre y clavos

sobre tazas,

piden que convierta sus noches lodosas en agua bendita,

pero en nombre de mi desprendimiento los maldigo:

maldigo sus privilegios para canonizar

y su forma de matar a mordiscos en el estómago,

maldigo su baile ofensivo con mis zapatos y mis ropas en mi cuarto,

maldigo su atrevimiento para expropiar vidas y ofrecerlas al infierno,

maldigo la paciencia,

digo que me afecta la cabeza y escritura y no paran …

no pararán,

tengo miedo de quedarme ignorada

y destripada en este sueño.

IV

Tengo el cuarto infectado de visitas indeseadas,

el tocadiscos acelera el aleteo de las moscas,

desato alas atascadas en el teclado

y la cuerda que no deja ver la matriz.

Fervorosa, maldigo la espera.

Sacrificio

Despierto de la anestesia,
sin plumas,
tendida sobre el templo.
Noventa años atrás
fui Ana, tuve un hijo
y estudié la historia de los tuertos.
Sigo indeseable y deportada.
Una manzana me dio el lenguaje
y la herida de lo que callo.
¿Ayudan las mujeres a cargar la cruz?
¿Ve alguien más que yo el cerco de humo
entre las mujeres que ordenan las flores y mi voz?
En mi desespero, grito:
¡Ninguno debió morir por mí!
(¿Y yo sí puedo?),
sufro pecados ajenos,
escucho cuervos felices tras la gente,
entonces todo
me da miedo,
una araña envuelve con hilo de angustia
corazón, matriz y dientes.
A dioses egoístas
me ofrecí en sacrificio.

Aniversario

¡Treinta años de hormiga!
Ya no predigo la lluvia,
mis tenazas inservibles
se hunden entre las teclas,
no quiero lastimar,
desisto…
¿Y si me lincha la reina?
¿Cómo caer si ya estoy en tierra?
No publico ni discuto.
¿Qué razón tengo para tomar una hoja y atravesar el mar?
El mar es espanto…

El viento me lleva
como una obrera carga
a un bicho muerto.

La invasora

Mi enamorado me despierta.
La sanguijuela cayó de la mecedora en la que dormía,
y, ahora está empeñada en chupar las patas duras del asiento.
Ronca,
es débil y puerca...
Amor, aunque tenga mi rostro, no le creas.
¡No sería jamás ese demonio!

Para Arturo Rivera

Refugio

Fuera de tu canción soy ala seca.
La muerte y yo dormimos juntamente…
Cantarte a ti, tan sólo, me despierta.
Julia de Borges

A las manos de los amigos,
que consolaban la cabeza,
les salieron ganchos.
Pido disculpas al invierno,
me aferré excesivamente a todas las hojas
para que ninguna renunciara al árbol.
Siento miedo por mí,
si los cuervos despiertan para sacarme los ojos
¿a dónde iré, oscura y sin profesión?
Hay peligro en todos los vínculos…
y la brujería es refugio,
el único amor es refugio,
pongo ambas manos en su brazo bendito
y me dejo llevar hasta la estación…
si no fuera por él,
tendría mi cabeza en la rueda
de cualquier somnífero.

A Arturo Rivera

Muñecas

¿Para qué me regalas muñecas?
¿para familiarizarme con mis dioses?
¿familiarizarme con mis adioses,
familiarizarme con mi adiós,
mi audio…
mi dos?
¿mi dosis?
¿Por qué ningún dios vigila a los muñecos
cuando juegan con nosotros?

Inseminaciones

Mientras Caroline me cuenta cómo
escogió a su donador
pienso en mi última adquisición
de juguetes para cicatrizadas:
"Los donantes están clasificados,
los espermatozoides valen según su procedencia,
ya sabes, si son de aquí, de Suecia o de Senegal…".

—¡Oh, es absurdo!
agrega, agrega ¡Estoy loca!

Mis muñecas son clones:
piernas y manos desproporcionadas,
cabeza amarilla,
cuerpo rojo,
me desnudo para vestirlas.
—¡Ah, estoy loca también! —le respondo.
Y la muñeca más bella, imitando la voz de la abuela, finaliza:
—¡Bah! ¡El corazón de una mujer es tan oscuro como un café!

A Sandra Eriksson, Caroline Andersson

Alucinada

La niña se ha convertido en su muñeca,
la muñeca pronuncia como su madre,
tres mujeres vestidas de azul
descifran los códigos del juego.
Compraría el bosque que habitan
pero la interpretación del sueño dice:
¡No confíes en ninguna de las sustitutas!

Peregrinas

Seguí a una mujer que corría, descendiendo por el barranco,
la perdí de vista,
se puso a salvo como un becerro de oro
en lo alto de una montaña.

Al regresar a casa, la monja me llamó al baño
y me indicó la cantidad de agua
necesaria para sacarme el barro.

Yo no quería sacarme el barro.
¿por qué acepté sin chistar?

¿Quiénes somos todas?
¿Me han dejado sola por mis excesos de veneración y fe?
¿o por mostrar estos hermosos huertos floridos
de mi inconsciente?

Mística

¿Qué sería de mi vida dentro del convento?
Aún sigo seducida por la idea de la eternidad,
hoy ¿cuál es mi idea de cielo?
¿Un buen libro siempre estará vivo como Cristo?
¿La poesía me levantará de entre los muertos
y me salvará de mi infierno?

¡Cristo es verbo!
Estoy feliz de este arrepentimiento
aunque me angustie este mundo en el que vivo.

Teresa: Amante imaginaria

Las visiones no son engaño del mal,
son el mundo interior de las atormentadas.
La nostalgia atraviesa el pecho.
Soy vulnerable.
No me siento a salvo en este mundo soberbio.
El sexo puede ser otra
visión,
otra
morada interior.
Quiero sentir lo que siente tu alma.
¿Qué sería de mí en aquel convento contigo?
¿El Cristo sigue atado a la columna como nosotras?
Hemos escrito para desamarrarnos y desamarrarlo.
Hemos escrito para imaginar opciones distintas al choque.
¿La escritura es el milagro que nos santifica?
¿La santidad nos salvará del pánico?

Perfomance de una desplumada

Aunque camine erguida o jorobada por momentos,
suba y baje la entrada del santo sepulcro
y acapare todos los velones blancos,
no se percatarán de mí,
mi drama natural pasa
desapercibido ante los santos.

A Andrea

Lucha no libre

Me opera sobre un escritorio,
veo mi barriga llena de rajas.
Me echa a andar maltrecha,
como una iguana cosida con alambres,
por las tierras encendidas de la aldea.
Zurcir no es reparar,
extirpar no es recomenzar ni dar a luz,
haber fecundado una vez
no nos da la certeza de seguir siendo
fértiles.

(A veces, el artista de la memoria,
practica el mismo credo
del verdugo).

La poesía es el rito

Sobrevivientes

I. Barranquilla, 1998 – 2000

La abuela se separó de nosotras
flotando en una mecedora,
el tío náufrago, que huyó detrás,
fue agredido por ríos de tachuelas;
mientras la familia entera salió a buscarlos,
mi yo erizo quedó en cama engordando,
pinchando la casa hasta encogerla,
hasta sanar la infección de santidad sobre la psique
y aliviar fisura pasándola por fisura...
¡Cómo matan en vida esas cosas que salen
y no regresan por ninguna puerta!

II. Montes de María, 2000

Al otro lado,
a cinco horas, ocho minutos, 238 kilómetros,
cuatrocientos hombres
desfloraron aves con sus manos coaguladas de odio,
jugaron con plumas que nunca tuvieron.
¿Nos quieren
o no nos quieren?,
y sin esperar respuestas, enterraron a vivos bajo sus muertos.

III. Bogotá, 2016

Dieciséis años más tarde, hay una puerta que une a las
sobrevivientes.
¿Qué hacemos con el hilo rojo que baja entre las piernas?
sanar, coser y escribir... no hay ninguna diferencia.

Para las mujeres de los Montes de María,
Libertad y Mampuján.

Fantasmas

I

Por indicación del brujo
llevo empaste de papa y ceniza en las mejillas,
otros niños piensan: "Es
la mujer-volcán,
en pocos años estallará".
Lloro,
imagino qué dirá mi madre
de las plumas fundidas en mi cama.

II

Sobre las leprosas vigas de la casa
dos pájaros hablan,
mientras las mujeres los observan
desde la rendija
con sus ojos de peces recién pescados,
como castigo del espejo celestial
por sus aleteos paganos,
como castigo a la exagerada belleza de su blasfeminidad,
como castigo por haber torcido el machete del cazador.

III

Con los espantos aprendí a cortar cuerdas
que nos mantenían atadas a las sillas,
y a anunciar: ¡No borramiento! o
¡Desátense! a otras sacrílegas…
Los ecos se han hecho moscas y vuelan en cada casa que habito,
sobre cada pan que como,
espantando toda posibilidad de suicidio,
porque le huiré toda mi vida al suicidio con moscas.

IV

Encontré en la paja
una aguja para suturar hendiduras;
encerré con hilos de carne
el aliento de los dos pájaros en el cuello,
y declaré: ¡No habrá ninguna muerte,
no fragmentaré jamás ese oscuro objeto de mi memoria!
¡Oh, por Dios, se puede el retorno!
¡Se puede
volver con el mismo lenguaje que no permite el derrumbe!

V

Sale de abajo de mi cama y dice:
—¡Estoy cansado!
—¡Ah! Si estás cansado, has fracasado como fantasma,
querido hombre.
—¡Calla! ¡Eres inútil, niña imaginaria! —mientras lo enjambro
violentamente en mi cabeza.

VI

No olvido la lengua desesperada de la abuela,
desesperada.
Sucesivos días de rezos
sin descanso,
sin ayuda…
Nadie evitó que el sol oscureciera.

VII

La mecedora se mece, se mece…
Ella teme
quedarse dormida,
ser separada de sí misma a martillazos por la ola.

Nunca fuimos tristes

Tenía como nombre "Nuestra Señora de Torcoroma".
Dos mujeres blancas nos llevaban
avena y leche en polvo,
un juguete en navidad y
chocolate caliente
en la primera y última común unión.

Por la mañana aparecían
sobre la vieja pileta sin agua
velas derretidas,
y creíamos en brujerías.
Una tapa de gusanos
cubría el hoyo de nuestros guisos,
dolía al mirar las mejillas rosas
de las buenas señoras
de la acción católica.
Un fin de año, levanté la cara a una muñeca
atravesándole un listón
de la nariz al cráneo,
así adquirí el hábito
para alzarme la cara con violencia silvestre…

Hoy, la memoria cruza en el camino
huecos llenos de gusanos

y a un niño que dejé afuera de mi
paraguas cuando llovía…

En la corriente aún crecen mis flores blancas,
y escribo
con la sal de mi cuerpo:
"Nunca fuimos tristes".

Los filos de la memoria

I

Nada de lo que conozco está alrededor:
El tío, vestido de neón,
ofrece al pueblo
sopas de aletas "Levanta Muertos",
flores suplantan nuestras uñas infantiles
y la dueña del único jardín aplaude
con el peso del avestruz en sus manos.

Olga ata al sol la amargura de sus piernas,
crisálidas viajan en medio
de la mala mar y los malos vientos.

¿Dónde está el puesto de fritos de la abuela y
la alberca enmohecida de las niñas?

La mecedora en la puerta
espera al soñoliento…

¿Envejecer es perder territorio?
¿morir es ver morir lo inmortal?
Mientras busco teorías y escribo,
tormentas desgarran mis árboles favoritos,
pido consuelo tras el cristal,

imposibilitada para tocarme, oigo la noticia que se riega:
"La enferma se protegió de los truenos
en casa ajena".

II
Levántate, desempolva tus dientes ante el público,
toca el acordeón
aunque no te acuerdes de sus notas,
impúlsame a corear con potencia,
que el miedo
ventea en tus ojos y mi lenguaje
y quiere apagarnos como a dos velas.

III
Queridas hormonas
¡Vamos, multiplíquense!
Debo ser abuela,
¿quién contará cómo sucedieron las revueltas y
cómo era la tierra cuando estábamos completos?,
¿quién apartará a los gusanos del baúl?
y ¿quién dará la cifra de las espinas?

A tío negro, Marta Ayala
y Eduard Barrera

Emails para encontrar a la familia de mi abuela

La abuela gitana me canta cantos de cuna…
¿cuántos fondos se han perdido en sus bosques?
¿Cuántas cimas tragado el abismo?
Olga Jojlova

Su madre gitana se llamaba Emilia Pavón.
A su padre policía lo asesinaron en tiempos de bipartidismo.
¿Sabes cómo llegaron los gitanos al pueblo?
Mi abuela se crió con Dilia Fontalvo y Calixto Castañeda.
El tío José tiraba, desde su auto en marcha,
monedas con espinas a sus sobrinas;
ellas cuidaron la finca "Las Pavitas",
durmieron en las pajareras,
en los rieles,
en las porquerizas,
en las plazas y a millones de metros lejos
de la bisabuela.

¿Quién sabe de los parientes?
Vivían por donde viven los ricos,
entre iglesia y hospital.

Mi madre mira en mis ojos, distraídos en el ordenador,
el estremecimiento de los árboles y las frutas que caen.
A pesar de vivir tantas lluvias a la intemperie, no perdió
de vista los rabos de sus hijas.

¿Por qué de aquellas mujeres desnudas,
lavando espinas, sostenidas solo por la fragilidad
de una pared de cartón?

Siempre he pensado que tienes mucho aire (rasgos) de los Fontalvo,
mi abuela está muerta, pero, bueno, yo voy a averiguar, a ver
...De pronto seamos familia.

A Liliana Pallares Fontalvo

Datos de la autora

LUISA VILLA (Luisa Isabel García Meriño)

Maestra, poeta, artista visual, performance y gestora cultural afrocaribe. Nació el 23 de junio de 1979 en el Copey (Cesar). Desde muy temprana edad fue llevada a Barranquilla (Atlántico), ciudad en la que creció. Hija de Luz Marina Meriño Fontalvo y Abel Antonio García Villa.

Estudió Artes Plásticas en la Escuela Distrital de Artes de Barranquilla. Licenciada en Artes Visuales de la Universidad Pedagógica Nacional.

Invitada a diferentes encuentros, exposiciones y ponencias internacionales: Cuba, El Salvador, México e Italia. Ganadora de la Residencia Artística Colombia–México, FONCA (2015).

Publicaciones: *Dios fue mejor cuando era tigre* (2020), en coedición con la Editorial Morgana (México) y Baraja Gráfica Editores (Colombia); incluida en la Antología de Poetas Colombianas: *Luz al Vórtice de las Palabras* (2022), curada por la poeta Martha Cecilia Ortiz Quijano y editada por la Editorial Escarabajo; en la Antología *Yo vengo a ofrecer mi poema*, coedición editorial Abisinia y Escarabajo (2021); curadora de la plaqueta *Siete Autoras Colombianas* en español-italiano, editado por la escritora Silvia Favaretto y el proyecto 7 Lune (2019); *Primera Antología Bilingüe (español-italiano)*

Hispanoamericana de Landais, proyecto 7 Lune (2014). Curadora de las revistas *EL HUMO* y *ABLUSIONISTAS* (México).

Actualmente es docente de Historia de la Artes Escénicas; maestrante en Derechos Humanos, Gestión de la Transición y Posconflictos. Experimenta con el vídeo, la instalación y el performance. Trabaja en proyectos de memoria, paz y reconciliación desde las pedagogías de las artes, por la dignificación de los y las afrodescendientes, la visibilización de sus territorios, historias y culturas.

Luchadora incansable por las causas justas, sueña con un mundo equitativo y descolonizado, en el que a afros, indígenas, mujeres y campesinos no se les siga arrebatando su lugar en el mundo, sus territorios, sus dignidades, sus vidas… porque ningún ser más sea desplazado de su tierra, de su casa, de su gente…por la violencia. Sueña que nadie le apueste a la guerra: para la guerra, nada; como dice Martha Gómez.

www.ingramcontent.com/pod-product-compliance
Lightning Source LLC
Chambersburg PA
CBHW052012240626
47153CB00008B/2849